AF267679

LETTRE

D'UN VILAIN

AU GENTILHOMME

J. VAYSSE Vte DE RAINNEVILLE

—◦◦◦—

> L'intolérance au point de vue théologique est donc essentielle et nécessaire.....
>
> *(Catholiques tolérants et Légitimistes libéraux, p. 12.)*
>
> Nous avons tâché d'établir que la liberté de conscience et la tolérance complète ne sont pas incompatibles avec la doctrine catholique.   *(Id., p. 77.)*
>
> JOSEPH DE RAINNEVILLE.

ROANNE

LIBRAIRIE DURAND, RUE DU COLLÉGE

1863

vous êtes logique, et votre tâche est trop difficile pour que je puisse vous en faire un reproche. Du reste, ce n'est pas aux conséquences que je veux m'en prendre, mais au principe lui-même.

Je lis cette phrase dans votre livre: « La liberté de conscience et la tolérance complète ne sont pas incompatibles avec la doctrine catholique! » Avez-vous bien compris toutes les conséquences que l'on pourrait tirer d'une pareille assertion ? N'avez-vous pas senti que vous alliez vous attirer les plus énergiques réfutations; que vous alliez être renié, désavoué par le parti catholique tout entier ; que votre livre allait être mis à l'*index* et condamné comme renfermant des principes pernicieux et détestables ! Quoi ! vous admettez la liberté de conscience ! Ah ! Monsieur, je vous en conjure, si vous craignez les foudres de l'anathème, rétractez-vous, retirez cette parole imprudente échappée à votre amour pour la conciliation ! croyez-moi, hâtez-vous de faire amende honorable. Permettre la liberté de conscience !! Ah ! vous avez raison de vous appeler un catholique tolérant, trop tolérant même, et j'ai fort envie de vous relire la fameuse encyclique de Grégoire XVI, puisque vous avez si vite oublié la non moins célèbre adresse des évêques réunis à Rome au mois de juin dernier. Le 15 août 1832, notre saint-père le pape Grégoire XVI proclamait que « l'Eglise universelle était ébranlée par *quelque nouveauté* « *que ce fût* (même par les chemins de fer).... Il déclarait « que rien n'était plus blâmable que ce système de philo- « sophie, système trompeur, où, par amour des nouveautés, « on ne cherche pas la vérité où elle se trouve, et où, « laissant les traditions apostoliques, on invente d'autres « doctrines vaines, futiles, incertaines et non approuvées « par l'Eglise, par lesquelles *des hommes présomptueux,* « *s'imaginent faussement soutenir et appuyer la vérité!* »

Pardon, si je me suis trompé, mais j'ai cru vous reconnaître à ce portrait. Certes, vous essayez presque de faire

de Voltaire un Père de l'Eglise, et c'est une nouveaute fort
imprévue! Mais je veux tenter de vous ouvrir les yeux, que
la mansuétude vous fait fermer, et de vous montrer le
précipice où vous alliez tomber: je serais vraiment désolé
qu'un héros de Castelfidardo fût frappé d'anathème et d'ex-
communication ! !

Oui, Monsieur le Catholique tolérant, vous vous séparez
de l'Eglise, vous êtes un enfant perdu qui tenez un langage de damnation. Vous vous séparez, vous qui dites :
« L'intolérance au point de vue théologique est nécessaire
et essentielle, » et qui, plus loin, prétendant que l'axiome
« Hors de l'Eglise pas de salut, » n'est qu'une sentence purement dogmatique, semblez en faire assez peu de cas.
Mais ne voyez-vous pas les suites qu'entraînerait l'adoption
de pareils principes ? Quoi! c'est un catholique qui vient
dire que l'on peut se sauver dans toutes les religions, qu'il
n'est pas nécessaire de rester dans le sein de l'Eglise ! Quoi!
l'on peut se passer du Christianisme sans être voué à la
damnation! ! Ah merci, merci, Monsieur le Vicomte, vous
rassurez bien des gens ! Mais, croyez-moi, n'allez pas le dire
à Rome ! Avouez aussi qu'il est dommage que nous soyons
si loin du moyen âge, vous seriez sûr d'avoir un si joli
bûcher ! !

Mais si tels étaient les principes du Catholicisme, qu'im-
portait le petit Mortara au gouvernement pontifical ! Il fallait
le laisser se sauver dans la foi de ses pères ! Mais non,
l'esprit de l'Eglise est formellement opposé à la liberté de
conscience, et je ne puis comprendre la contradiction dans
laquelle vous tombez quand, après avoir établi la nécessité de
de l'intolérance théologique, vous parlez de tolérance complète et de liberté de conscience, sans comprendre que cette
tolérance est la plus grande ennemie de la foi. Vous dites
quelque part que « toute religion, sous peine de ne pas être
« réellement, doit affirmer sa doctrine et nier la vérité de ce
« qu'enseignent les cultes étrangers. » Or, je vous le demande,

Monsieur le Vicomte,

Après avoir lu votre livre intitulé *Catholiques tolérants et Légitimistes libéraux*, je me suis pris à regretter que tous les *légitimistes* et tous les *catholiques* n'aient pas les mêmes sentiments que ceux que vous exprimez avec tant de clarté, de bon sens et de noblesse. Je me suis immédiatement senti pour vous une vive sympathie, et j'ai pris la résolution (pourquoi ne pas dire la hardiesse?) de vous adresser des félicitations bien sincères. Franchement, j'étais loin de penser que nous pourrions nous rencontrer, vous noble *gentilhomme* et moi simple roturier, sur ce champ sacré de la liberté, prêts tous les deux à combattre pour elle! Pourquoi faut-il que vos amis, Monsieur le Vicomte, ne réclament l'application de ce grand principe de la liberté que lorsqu'ils sont ou se disent *vaincus*, pour l'oublier si vite lorsqu'ils sont vainqueurs!

Je sais que ce reproche vous est pénible et que, dans votre *Introduction*, vous vous récriez contre cette idée; mais c'est en vain, car c'est la force même des choses qui le veut ainsi: après les fureurs du parti huguenot est venue la Saint-

Barthélemy; après la terreur rouge, nous avons vu la terreur blanche ; presque toujours une réaction en suit une autre. C'est triste à dire, mais ne vous récriez pas, l'histoire est là pour nous apprendre que c'est une vérité.

Mais mon intention n'est pas de vous parler *politique*, passons donc. Aussi bien, ne me permettrait-on peut-être pas à moi, enfant du peuple, de parler un langage aussi libre que celui qu'on tolère au legitimiste *libéral*. Sans doute c'est par déférence pour les *vaincus*!.....

Je vous ai dit, Monsieur le Gentilhomme, que vos sentiments avaient excité en moi une vive sympathie; je veux vous en donner une preuve en vous forçant à réfléchir sur quelques phrases qui vous sont probablement échappées, et en vous signalant le danger qui vous menace aujourd'hui.

Le titre de votre livre est composé de mots qui hurlent de se trouver accolés ensemble, et c'est sans doute cette forte antithèse qui vous l'a fait choisir ainsi. Vous avez essayé de laver l'Eglise du reproche plus que séculaire d'être *intolérante* en montrant que, par sa doctrine même, elle est amenée à apporter, et a toujours apporté, dans le domaine des faits, la plus grande indulgence. Vous faites ensuite une distinction entre la tolérance civile et la tolérance théologique pour expliquer votre système; mais permettez-moi de ne pas l'admettre, car il est impossible que l'intolérance théologique ne passe pas dans le domaine des faits, et l'appui du bras séculier, si souvent réclamé par l'Eglise, en est une preuve surabondante.

J'aurais bien envie de discuter un peu avec vous, l'histoire à la main, lorsque je vous vois absoudre de toute cause, de tout motif religieux, et la guerre des Albigeois et la *très-sainte Inquisition*, et les guerres de religion, et

la révocation de l'édit de Nantes, *tout en un mot, tou'*, même
les dragonnades !..... Aux quelques citations que vous avancez
à l'appui de votre opinion, je pourrais opposer des volumes.
Je pourrais vous dire que toutes les religions ont été et son
intolérantes depuis le Judaïsme avec ses prêtres-bourreaux
et ses myriades de victimes, depuis l'Islamisme et son
terrible cimeterre, jusqu'aux *auto-da-fé* du Catholicisme,
jusqu'aux tueries calvinistes, jusqu'aux horribles serments du
Mormonisme américain lui-même !

Vous voulez rejeter l'intolérance chrétienne sur l'esprit
des temps, pour le charger, au bénéfice de l'Eglise, du poids
effrayant des bûchers du moyen âge ! C'est une bien triste
raison que vous donnez là, Monsieur ; car, dites-moi, si
l'Eglise a jamais eu cet esprit *indulgent* si conforme à sa
doctrine, comment se fait-il, que, dans ce beau temps de sa
grandeur, alors qu'un mot de Rome suffisait pour renverser
du haut des trônes les plus élevés les monarques les mieux
assis, alors qu'une lettre papale considérée comme un mes-
sage divin faisait trembler les plus puissants des rois, et
déliait les sujets du serment de fidélité ; dites-moi, comment
se fait-il, que, pendant ce long moyen âge, l'Eglise, maîtresse
souveraine, absolue et incontestée du monde chrétien, n'ait
jamais pu changer ou simplement adoucir l'esprit des populations pourtant si aveuglément soumises ? Comment se
fait-il que, pendant tant de siècles, elle ait laissé chasser,
piller, égorger et si souvent rôtir, pour sa plus grande gloire,
ces pauvres juifs, coupables de suivre une religion mère du
Christianisme, et d'adorer le même Dieu que nous !! Dites-
moi, Monsieur le *Catholique tolerant*, comment se fait-il
que l'Eglise, si puissante et si sûre d'être obéie, n'ait pas
demandé aux populations chrétiennes un peu de miséricorde
pour ces tristes persécutés ?.....

Ah ! je sais bien pourquoi elle ne l'a pas fait. c'est que
ce n'était pas dans son esprit et que les faits se sont ressentis
de son *intolérance* théologique, en dépit de tout ce que

— 6 —

vous pourrez dire ! Tenez, en voulez-vous une preuve? Je
la trouve dans tous les journaux de ce jour, et sans doute
elle vous aura déjà frappé avant que cette lettre vous soit
parvenue. Maintenant que le gouvernement romain se *réforme*,
la pièce suivante peut vous donner une idée de la douceur dont
il devait user envers les juifs , quand il n'était pas reformé.
Voici ce que je viens de lire dans les feuilles d'aujourd'hui :

« Le vicaire général de Velletri,
« Vu et reconnu réguliers les passeports exigés par la
« loi, concède la permission à l'israélite N... de séjourner
« dans cette ville, pendant l'espace de... jours, dans l'unique
« but d'y faire un commerce loyal et honnête ; lui enjoi-
« gnant, pendant tout le temps de son séjour, d'avoir à se
« retirer dans le domicile par lui élu, au plus tard *une heure*
« *après le coucher du soleil*, et de n'en pas sortir avant
« l'aurore; lui interdisant l'accès à tout monastère, conser-
« vatoire ou autre lieu pie soumis à la juridiction épiscopale,
« ainsi que *l'usage de toute espèce de termes affectueux et*
« *familiers, en conversant ou en traitant avec les chrétiens.*
« Le contrevenant à quelqu'une des susdites dispositions
« encourra *irrémissiblement* la peine de la *prison* et celle
« de cinq écus (27 fr.) d'amende au profit des causes pies.
« Velletri, de la résidence vicariale, le   1862.
« J. VESER, ex ffi , vicaire général.
« GIOV. JESSENGHI, secrétaire criminel de l'évêché. »

Libre à vous de trouver que le moment est bien choisi
pour nous vanter *la sollicitude paternelle* dont l'Eglise en-
toure ces heureux israélites. Pour moi, je me permettrai de
croire que si de nos jours le gouvernement romain punit de
la prison les *termes affectueux* que pourrait employer un
juif envers un chrétien, je refuse toute créance, dussiez-
vous me trouver impoli, à la douce et efficace protection qui
les entourait, selon vous, dans leur parc du ghetto !.....
Cependant je comprends qu'en cherchant à justifier l'Eglise

l'Église affirmant sa doctrine peut-elle en tolérer l'examen ?
Peut-elle appeler la discussion sur ses dogmes ? Ah ! je le
demande à tous les catholiques ; je les prie de me dire si,
aux doutes nombreux et opiniâtres qui se pressent dans
leurs esprits, l'on ne répond pas toujours : Croyez, ayez la
foi, c'est par elle seule que vous arriverez au salut !

Non, encore une fois, la tolérance complète et la liberté de
conscience ne sont pas compatibles avec la doctrine catholique, car ce sont elles qui ébranlent en ce moment le Christianisme. Nos évêques l'ont bien compris, eux, quand ils
lancèrent les foudres de leur éloquence contre ces maximes
perverses, résultat de cette affreuse liberté. Ils sentaient bien
que le péril venait de là, péril effroyable, car ils ne peuvent
rien faire pour le combattre, car ils n'ont pas d'armes dans
l'état de la civilisation moderne pour arrêter ce courant
impétueux des esprits pour les découvertes, c'est-à-dire
pour les nouveautés ; ils ne peuvent rien pour étancher
cette soif ardente qui pousse les intelligences à examiner
toutes les questions, à rechercher la vérité et le fond de
toutes choses..., *rerum cognoscere causas !*

C'est pour cela que nos désolés évêques regrettent l'heureux temps où l'ignorance régnait en souveraine maîtresse
sur le monde entier. Ils regrettent les siècles passés, car
alors personne ne discutait leurs dogmes, et les savants, avec
leurs raisonnements, ne venaient point semer des doutes
dangereux dans l'esprit des populations abruties, il est vrai,
mais confiantes et soumises ! Aujourd'hui le désir de connaître mène l'humanité, et ce n'est pas sans un certain plai-
sir que je vous ai vu, Monsieur le Vicomte, renier les principes de vos illustres ancêtres, si fiers de ne savoir pas même
signer leur nom. Au moins, vous, vous avez fait votre droit !

Ah ! croyez-moi, le danger le plus imminent pour l'Église
ce n'est pas l'invasion piémontaise ; c'est ce besoin de découvertes, besoin impérieux, irrésistible. C'est cette soif, en
effet, qui conduit de nos jours encore ces hardis voyageurs

lancés à la recherche des insondables profondeurs de l'Afrique et de l'Australie; c'est elle qui soutient et fortifie l'esprit de nos savants modernes lorsqu'ils tentent d'arracher à la nature ses plus admirables secrets ; c'est elle encore qui dirige l'historien, l'archéologue, au milieu des profondes ténèbres des temps passés; c'est elle enfin qui pousse l'homme, qui le talonne, qui le presse sans cesse, qu'il soit historien ou philosophe, chimiste ou linguiste, qu'il étudie le cours des astres, où, comme M. Mariette, qu'il s'enfonce sous les sables brûlants de l'Egypte pour y déterrer les merveilleux monuments de l'ancienne civilisation des Sésostris!

Oui, Monsieur, voilà le véritable péril! C'est ce flot qui monte, monte toujours, jusqu'au moment critique où, torrent envahisseur, il sera devenu assez fort pour ébranler *l'immobile pierre angulaire!* Ce moment est-il bien près d'arriver? Permettez-moi de ne pas répondre. Mais ce que je puis vous dire, c'est qu'à votre insu vous livrez le passage aux vagues, vous les poussez vous-même, lorsque de toutes vos forces vous devriez tenter de les arrêter, si vos convictions religieuses sont bien sincères. Les arrêter est le seul but, le seul désir de l'Eglise, car l'immobilité, l'immuabilité de ses principes ne lui permettent pas de fuir, comme pourra fuir et se transformer peut-être le Protestantisme, menacé lui aussi par les mêmes causes.

Ceci m'amène à vous parler des résultats que pourrait avoir, ou plutôt qu'a entraînés déjà la possibilité d'examiner les dogmes religieux, comme les questions politiques et scientifiques, possibilité venue à la suite de *cet esprit moderne,* que je vous soupçonne un peu de tolérer, parce que vous ne pouvez plus l'empêcher.

Il est peu d'esprits sérieux et intelligents qui n'aient été frappés du spectacle étonnant qu'offre le monde depuis un siècle, et surtout depuis quelques années, au point de vue religieux: il est peu de personnes qui n'aient entendu les orateurs de la chaire catholique se plaindre avec amertume

de l'indifférence en matière de religion dans laquelle la France semble tomber, et, pour ceux qui étudient, il en est peu qui, regardant de plus haut, qui, élargissant l'horizon de leurs investigations et prenant pour sujet d'examen la vieille Europe et le nouveau monde, n'aient été douloureusement émus de la triste situation morale de l'univers contemporain.

Certes ce spectacle grandiose et même terrible du genre humain ballotté en sens divers, constamment à la recherche de la vérité sans la trouver jamais, n'est-il pas digne d'attirer notre attention et de devenir le sujet de nos études? D'où vient cet antagonisme étrange de tous les peuples de la terre, qui, prétendant tous être les seuls en possession de la vérité, regardent le reste de l'humanité comme gémissant dans une erreur profonde? Et quand nous voyons le Catholicisme, le Protestantisme, l'Islamisme, le Schisme grec, le Boudhisme et les myriades de sectes religieuses, y compris le Mormonisme, qui pullulent en Amérique, s'ébattre sur le globe, brandissant chacun son drapeau et se criant les uns aux autres : « Accourez, cet étendard est celui de la vérité, » dites-moi, ce spectacle n'a-t-il pas de quoi frapper l'esprit de l'homme et le forcer malgré lui à tenter de prévoir quels pourront être les résultats de ces luttes si multipliées et si gigantesques?

Ces luttes des fois religieuses qui gouvernent les peuples, après avoir embrasé l'Europe, semblent de nos jours vouloir changer d'arène. A mesure que le domaine de la civilisation s'étend, de nouvelles religions à peine connues, et que l'orgueil européen dédaignait et méprisait, sont descendues sur cet immense champ de bataille, et, de deux ou trois combattants les premiers aux prises, le nombre s'en est augmenté de toutes les religions des peuples asiatiques, que le progrès a forcés ou forcera sous peu d'entrer dans le cercle du mouvement européen. Il a donc fallu compter avec cette religion de Boudha, qui a pour adepte plus du quart de la population du globe. Aussi voyons-nous les

missionnaires de la protestante Angleterre faire une concur-
rence acharnée aux apôtres de la Rome catholique dans
ce vaste empire chinois, si récemment ouvert, si riche et
si peuplé, qu'on ne peut s'empêcher de le croire appelé,
dans quelques siècles, à gouverner le monde! De cette riva-
lité des missionnaires catholiques et protestants, qu'est-il
résulté? l'insuccès pour les deux religions. Permettez-moi
de vous citer un passage d'un missionnaire catholique,
aussi instruit que zélé pour la foi, le père Huc, qui connaissait
si bien le caractère des Chinois. Vous verrez que son opinion
est conforme à la nôtre en ce qui concerne le peu de résultat obtenu jusqu'à nos jours.

Ouvrez donc *l'Empire Chinois* (3ᵉ édition, page 166),
et vous pourrez lire ce qui suit :

« Telle est la méthode suivie généralement en Chine pour
« y propager l'Evangile. On comprend que les résultats
« doivent laisser beaucoup à désirer. Il se fait bien par ci
« par là quelques conversions, le nombre des chrétiens
« augmente, mais si lentement, et avec tant de difficultés,
« qu'on ne sait vraiment que penser de l'avenir de la
« religion dans ces contrées. On compte à peu près huit
« cent mille chrétiens dans tout l'empire chinois; qu'est-ce
« qu'un tel chiffre sur plus de trois cent millions d'habitants ?
« Ce succès est bien peu consolant quand on réfléchit qu'il
« a fallu, pour l'obtenir, plusieurs siècles de prédication et
« les efforts constants de nombreux missionnaires !.... Les
« persécutions incessantes et de tout genre que le gouver-
« nement suscite aux chrétiens sont évidemment un obstacle
« sérieux et grave à la conversion des Chinois; mais, selon
« nous, il n'est pas le plus grand : car enfin il y a eu un
« temps où la religion n'était pas en butte aux malveil-
« lances et aux colères de l'autorité. Sous le règne de
« l'empereur Kang-hi, les missionnaires étaient honorés
« et caressés de toute la cour ; l'empereur lui-même

« écrivait en faveur du Christianisme; il faisait élever des
« églises à ses frais, et les prédicateurs, munis d'une
« patente impériale, pouvaient parcourir librement l'empire
« d'un bout à l'autre, et exhorter tout le monde à se faire
« baptiser. Personne n'avait rien à craindre; bien au contraire
« on était sûr de trouver, au besoin, aide et protection
« auprès des missionnaires. Nul n'eût osé faire aux chré-
« tiens la plus petite injure, le plus léger tort; les manda-
« rins eux-mêmes se croyaient obligés d'être, à leur égard,
« pleins de bienveillance et de circonspection. Malgré ces
« avantages si grandement appréciés des Chinois, a-t-on
« réussi à opérer parmi eux des conversions rapides,
« nombreuses et persévérantes, comme il y en a tant eu
« en Europe quand l'Evangile y fut annoncé? nullement;
« à part quelques précieuses et rares exceptions, on n'a
« rencontré en général que froideur et indifférence.

« Dans les cinq ports ouverts aux Européens, la liberté
« religieuse existe réellement ; elle y est protégée par la
« présence des consuls et des navires de guerre, et cependant
« le nombre des chrétiens n'augmente pas plus rapide-
« ment que dans l'intérieur de l'empire.

« L'indifférentisme en matière de religion, mais un indif-
« férentisme radical, profond et dont il est impossible de
« se faire une idée exacte lorsqu'on n'a pas eu occasion
« de l'étudier sur les lieux, voilà, selon nous, l'obstacle
« principal qui arrête la Chine depuis tant de temps, et
« s'oppose à sa conversion. »

Vous le voyez, j'avais raison de parler de complet insuccès,
et la tolérance obtenue, à coups de canons, de la cour de
Pékin n'avancera pas beaucoup l'extension du Christianisme
dans ces vastes contrées, où l'idée que toutes les religions
sont bonnes et se valent est devenue depuis longtemps un
axiome.

Est-ce à dire pourtant que le progrès religieux ne parvien-

drait pas à se faire jour au cœur de cet empire dissolu,
et que les siècles futurs ne verraient pas la foi chrétienne,
protestante ou catholique, s'étendre sur l'Asie entière, à
mesure que les peuples, de plus en plus civilisés, recon-
naîtraient la supériorité du Christianisme sur leurs propres
religions ? Oui, ce résultat pourrait s'obtenir, lentement,
bien lentement sans doute, et arrêté sans cesse soit par l'immobilité inerte de l'Islamisme, soit par le profond abaissement
moral des peuples asiatiques ; cependant il pourrait être
conquis avec le temps, si le principe même du Protestantisme, si sa base ébranlée par ses propres adeptes et au
centre de sa capitale, ne venait menacer jusqu'à son existence et faire craindre, par le terrible contre-coup que pro-
duira sa chûte, un véritable cataclysme pour le Catholicisme
lui-même ! Le *Monde*, dans son numéro du 9 janvier, s'écriait
victorieusement : « Le Protestantisme touche à sa fin ! »
Je le crois, mais s'il voulait réfléchir aux suites, il garderait
ses accents joyeux pour des jours plus heureux.

Ayons le courage de le dire, le Christianisme est sérieusement mis en danger par la crise que subit le Protestantisme, crise dont les suites ne peuvent qu'entraîner aussi
l'Eglise romaine. Expliquons donc pourquoi la foi protestante approche de sa fin et les causes qui amèneront sa
chûte.

La base du Protestantisme repose sur la croyance absolue
à l'inspiration divine de la Bible et sur la nécessité de ré-
gler sa conduite d'après les préceptes renfermés dans les livres saints. D'après le Protestantisme tout dans la Bible émane
de l'Esprit-Saint; pas un mot, pas une lettre, pas une virgule
même qui n'ait été inspiré et dicté par Dieu lui-même.
C'est là le premier principe. Le second, c'est que, *tout étant
divin*, chacun peut puiser librement et à sa volonté dans le
texte sacré et en tirer toutes les interprétations qui pourront
lui convenir. Le premier principe, commun au Catholicisme,
était resté inattaqué jusqu'au siècle dernier. Le second lui

seul a été l'objet de toutes les controverses, de toutes les
discussions entre les deux Eglises; Rome ne voulant pas laisser à chacun la faculté d'interpréter à sa guise, Genève,
Augsbourg et Londres revendiquant au contraire cette *liberté*
de choisir dans les paroles et les préceptes divins ce qui
convient au caractère de chacun. C'est de cette liberté que
sont nés les milliers de sectes dont la réunion forme le Protestantisme général. Ces dissidences de forme semblaient
devoir amener la ruine de la religion réformée par leur ex-
trême division, et, bien loin de là, elles furent la cause prin-
cipale de sa grandeur et de son accroissement, car elles
portaient avec elles ce principe vivifiant de la liberté de conscience. C'est au contraire du dogme de l'inspiration divine de la
Bible, dogme qui offrait une base immuable en apparence,
qu'est née la crise dont nous allons parler.

Depuis Jésus-Christ le monde croyait à la divinité de la
rédaction des saintes Ecritures, et le moyen âge n'avait pas
trouvé de voix assez téméraire pour oser émettre des doutes sur ce point. Toute discussion, c'est-à-dire toute clarté,
eût été du reste bien vite étouffée au fond des cachots ou
dans la fumée des bûchers de la très-sainte Inquisition
romaine! Lorsque Luther parut, la réforme de l'Eglise était
l'unique but, et personne ne pensait à détruire le Christianisme, en sapant sa base. Luther et Calvin ne voulurent
qu'une réforme, ils acceptèrent le principe. Ils ignoraient
que ces réformes, en introduisant dans la discussion la liberté
d'examen, devaient être le *flot rongeur de la pierre angulaire!*

Vous comprenez, Monsieur, que du jour où un homme
put se dire que, les livres saints n'étant pas tombés du ciel
tout écrits par la main divine, il avait bien fallu que la
main d'un mortel copiât et recopiât de sa plume si faillible
ce produit de la suprême sagesse; que, par une conséquence
logique et irréfutable, cette main d'un mortel ayant pu
matériellement se tromper, il était, il devait être permis
d'examiner si les copistes ne s'étaient pas en effet trompés

dans leur travail matériel, vous comprenez, dis-je, qu'à dater de ce jour *le doute* commença à naître dans bien des esprits, secrètement d'abord, puis plus hautement manifesté. Comment en eût-il pu être autrement? Comment, au milieu de toutes les controverses, de toutes les discussions qui s'élevèrent sur l'interprétation des divers passages des Ecritures, comment, en reconnaissant les contradictions, dont elles fourmillent, la question d'inspiration n'eût-elle pas été mise en jeu ? Je le répète, cette idée : *ce livre a été écrit par la main d'un homme,* cet homme a pu se tromper, donc nous pouvons ne pas avoir le livre de Dieu dans son texte primitif, cette idée, disons-nous, a ouvert le chemin au doute, et le doute a fait naître la nécessité d'examiner. Or, l'examen a apporté de bien tristes certitudes pour tous les esprits impartiaux et sans prévention. Le mouvement était donc déjà donné, lorsque la science avec ses inflexibles raisonnements vint lui communiquer une impulsion terrible.

L'Eglise a toujours pressenti dans la science un ennemi dangereux, et, pour cela, lui a toujours voué une implacable haine. Elle s'est faite la patronne de l'ignorance et des ténèbres, et s'est donné pour adversaires tous les esprits amis du progrès et des lumières. Mais elle était logique, et sa conduite est facile à comprendre, car la science a porté de rudes atteintes à la foi que le monde religieux avait dans la divinité des textes bibliques : Avec Copernic et Galilée, commença la lutte : la cosmologie renversa le système de création de l'univers raconté par la Genèse. Depuis lors la Bible vit entrer contre elle dans la lice : la chronologie, la science historique, et même la géographie, c'est-à-dire de formidables ennemis. « Le monde puisait jadis la science « dans la Bible, c'est la Bible qui fait aujourd'hui de vains « efforts pour suivre la science et s'y accommoder. » (Edmond Schérer, *Revue des Deux-Mondes.*)

Le Protestantisme sent que son principe est détruit, que désormais il ne peut puiser des règles certaines dans un

texte qu'il avait toujours considéré comme sacré et qu'il
ne peut plus aujourd'hui regarder que comme une *œuvre
purement humaine.* Les preuves de ce fait sont tellement
nombreuses et certaines qu'il est peu d'esprits libres de
préjugés qui ne se rendent à l'évidence. Vous citerai-je
pour exemple le récit de la création du monde selon le
texte biblique, et les inconciliables contradictions qui écla-
tent à chaque verset non-seulement avec lui-même, mais
avec les données les plus certaines acquises par la géologie ?
Préférez-vous que je vous parle du déluge universel, ou
des sept plaies d'Egypte ? Si vous le voulez bien, nous allons
examiner très-rapidement cette question du déluge sur laquelle le récent ouvrage de M. Louis Figuier, *le Monde
avant le déluge,* vient de ramener l'attention. Que de mal
nos géologues se sont donné pour concilier la science avec
le récit biblique ! Et qu'ils y ont peu reussi ! Le livre de
M. Figuier en est un nouvel exemple.

M. Figuier, dans sa préface, page xv, nous assure que
« la géologie est fort loin de porter atteinte à la religion
« chrétienne et que l'antagonisme qui pouvait exister *autre-
« fois* ici a fait place au plus heureux accord !... »

Evidemment M. Figuier a écrit son introduction après
avoir fait son livre et après s'être aperçu que ses théories
diluviennes pourraient bien fermer à son ouvrage l'entrée
des petits séminaires et des pensionnats de jeunes filles.

Nous le voyons, en effet, dans son explication du déluge,
faire d'inouïs et stériles efforts pour ne pas cesser d'être
orthodoxe. Voici à quel brillant résultat ses efforts ont
abouti.

Selon M. Figuier, « le déluge s'explique par l'éruption
« volcanique et boueuse qui précéda la formation du mont
« Ararat. Les eaux qui produisirent l'inondation de ces
« contrées provenaient d'une éruption volcanique accom-
« pagnée d'énormes masses de vapeurs, qui, se condensant
« en eau, inondèrent les plaines qui entourent l'Ararat... »

Plus loin, il ajoute : « Le déluge est réel ; *seulement* il fut *local.* » Et en effet il le localise dans la Mésopotamie ou l'Asie occidentale.

Mais examinons quelques phrases du texte biblique : « Les « sources du grand abîme des eaux furent rompues, et les « *cataractes du ciel* furent ouvertes, et la pluie tomba sur « la terre pendant quarante jours et quarante nuits....

« Les eaux crûrent et grossirent prodigieusement au- « dessus de la terre , et *toutes* les plus *hautes* montagnes « qui *sont sous le ciel* furent couvertes. L'eau ayant « gagné le sommet des montagnes s'éleva encore de quinze « coudées plus haut.....

« Et les eaux couvrirent *toute* la terre pendant cent « cinquante jours..... »

Il y a bien évidemment quelques difficultés à concilier ce texte si formel avec l'idée d'un déluge partiel, mais elles ne sauraient embarrasser un savant aussi convaincu que M. Figuier. Aussi nous répond-il sans sourciller : « Moïse n'a pu « entendre par ces mots *toutes* les montagnes que celles « qu'il connaissait : le nombre en était peu considérable ; « il se bornait aux contrées habitées à son époque, etc. »

Voilà à quoi a abouti la théorie de M. Figuier ; à nous dire que Moïse n'écrivait que comme homme et que s'il eût vu une mappemonde moderne il se serait écrié : Grand Dieu ! que le monde est grand !

Il resterait encore à nous expliquer comment l'arche aurait pu remonter l'effroyable torrent de laves boueuses vomies par le brûlant cratère du mont Ararat, pour aller justement s'arrêter sur ce charmant débarcadère. M. Figuier néglige de nous donner ces quelques détails ; seulement, il nous assure que le nombre des animaux conservés dans l'arche se borna aux seules espèces spéciales à la Mésopo- tamie ! Pauvre Genèse, dans quel laminoir le savant géologue la fait passer !.... Et ces infortunés *mastodontes*, ô M. Figuier, qu'avaient-ils donc fait à Noé pour qu'il les laissât si impitoyablement noyer jusqu'au dernier, sans leur tendre une main secourable ?.....

Mais laissons M. Figuier se débattre dans ses *eaux boueuses* par amour, plus ou moins sincère, pour la conciliation, et parlons sérieusement. Nous savons qu'il est beaucoup de personnes qui ne veulent voir que des figures dans certains passages de la Bible, mais, à ce compte, nous irions également bien loin. L'Eglise du reste défend formellement ce genre d'explication.

Vous le voyez, Monsieur le Vicomte, les géologues, malgré leur meilleure volonté, ne peuvent rien concilier. Nous devons donc accepter la Bible telle qu'elle ; mais alors vous qui dites : « Dieu se sert le plus souvent des voies ordinaires « pour conduire et soutenir selon sa volonté les œuvres « qu'il protége; les moyens naturels suffisent à sa sagesse, « etc., » soyez donc assez bon pour compter avec moi combien de fois il a dû sortir de ces *voies naturelles*, combien de miracles il a été obligé de faire pour arriver à noyer le genre humain.

Premier miracle : envoi (la Bible ne dit pas d'où) d'une quantité d'eau suffisante pour couvrir toute la terre. Second miracle : réunion d'une paire de tous les animaux (ceux d'Amérique traversèrent le détroit de Bérhing à la nage ou sur la glace sans doute; mais, pour ceux de l'Australie, il nous faut absolument encore un miracle pour leur transport et leur retour). Autre miracle pour adoucir le caractère de tous ces animaux. Autre encore pour expliquer l'entassement, dans une arche de la grandeur d'une frégate de premier rang, d'une telle quantité d'animaux et d'une masse de nourriture nécessairement énorme, ou bien suspension générale des besoins de l'alimentation. Si les eaux du déluge étaient douces, miracle pour conserver les poissons qui ne vivent que dans l'eau salée; si elles étaient salées, miracle pour la conservation de ceux qui ne vivent que dans l'eau douce; enfin miracle pour la disparition des eaux comme pour leur apparition..... etc. Arrêtons là cette énumération, Monsieur, et permettez, que, tout en croyant à la puissance divine, je me refuse à croire que Dieu ait, employé des voies si détournées, jusqu'à ce qu'il me soit donné des preuves plus convaincantes que telle a été sa volonté suprême.

Je ne vous parlerai pas des plaies d'Egypte, ce serait trop long. Vous pouvez voir, seulement par cet exemple, la gravité des questions soulevées par la géologie et comprendre que le Protestantisme se montre effrayé. Mais ce n'est pas tout.

La chronologie, elle aussi, subitement enrichie par la découverte du *serapeum* des Pharaons, est venue frapper les récits bibliques d'un coup mortel, en prouvant que, précisément à l'époque où Moïse fixait le déluge, il existait un empire extraordinairement puissant et civilisé dont on peut suivre l'histoire étonnante écrite, pour ainsi dire jour par jour, sur les murailles des temples d'Edfou, d'Eléphantine et de Sakkarah. C'était cinq cents ans avant Moïse que furent ciselés ces merveilleux produits de l'orfévrerie égytienne que vous avez pu admirer sous les vitrines du Louvre, et si beaux, si riches qu'ils sont dignes de Janisset ou de Froment-Meurice, et quelques-uns même d'un travail si achevé qu'il serait difficile à nos artistes modernes de les égaler!

Les hiéroglyphes n'ont plus de secrets et fournissent à MM. Bunsen et Lepsius des faits historiques désormais irrécusables, qui font remonter au delà de quarante siècles avant notre ère le commencement de la civilisation égyptienne. Désormais il est impossible de refuser à l'humanité une existence bien antérieure aux six mille ans fournis par la Genèse. C'est au moins à vingt mille années en arrière qu'il faut reculer l'apparition de l'homme sur la terre.

Les monuments égyptiens ne sont pas seuls à démontrer

cette nécessité. Les ruines de Ninive et de Babylone, découvertes au milieu des silencieux déserts qui les entourent, apportent, elles aussi, leur contingent de preuves historiques.

Et cependant ceci n'est rien; une découverte bien plus importante , bien plus grave et dont les conséquences sont autrement incalculables, a été faite dans les mystérieux tombeaux du *serapeum* égyptien.

Ma voix est trop faible , trop inexpérimentée pour oser aborder des questions si sérieuses, disons-le franchement si dangereuses. La découverte des manuscrits philosophiques et religieux, en révélant ce qu'était la théologie égyptienne primitive, en reculant au temps des Pyramides l'existence de l'idée d'une trinité semblable à la nôtre , en nous dévoilant les mystères des prêtres de Thèbes et de Memphis dans lesquels on reconnaît si aisément notre propre mystère de l'incarnation du fils de Dieu dans le sein de la Vierge !... Cette découverte ouvre à la discussion un champ si vaste que je ne me sens pas des forces suffisantes pour le parcourir. Je ne puis que céder la plume à une main plus autorisée; la question est trop grave pour que je me permette de la poser moi-même.

Voici ce que l'on peut lire dans un article de M. Ernest Desjardins (*Moniteur Universel*, 2 juillet 1860):

« Enfin les fouilles du *serapeum*, et c'est là la plus impor-
« tante conquête qui leur soit due, ont fait ouvrir les yeux
« sur la religion de l'Egypte. Les interprétations des
« anciens textes d'autre part venaient prêter leur lumière,
« sous la main de M. de Rougé, à l'intelligence du panthéon
« égyptien. On commença à s'apercevoir que cette con-
« fusion des trente mille dieux de Varron, « qui n'avaient
« pas un athée, » n'était qu'apparente et ne s'était pro-
« duite qu'aux basses époques. La vieille Egypte, avec sa
« gravité solennelle, son amour pour les mythes, sa cons-

« tance dans les pratiques, son respect pour les morts,
« commença à se dégager pour nous du suaire qui l'enve-
« loppait encore aux yeux de Champollion lui-même.

« On s'habituera difficilement à l'idée, fort nouvelle pour
« la critique, mais cependant assurée aujourd'hui, qu'au fond
« de ce polythéisme qui peuplait le ciel, la terre et l'enfer,
« l'esprit des anciens Egyptiens se reportait avec sérénité à
« l'idée d'un seul Dieu. Rien ne paraît mieux établi depuis
« que les stèles du Vatican et de Berlin, puis celles du *sera-*
« *peum,* ont parlé. On y voit clairement « un dieu qui s'en-
« gendre lui-même, se reproduit dans son propre sein, » et
« quelquefois « sur les genoux de sa mère. » Ce dieu unique
« apparaît par diverses manifestations ; de là, il prend diffé-
« rents noms, suivant les lieux, les attributs qu'on lui prête,
« ou les *forces* qu'il symbolise. Ce sont les individualités ou
« les *personnes* multiples d'un seul principe, infini et éternel.
« *Osiris* est Dieu, *Phta* est Dieu, *Apis* est Dieu. Chacun a la
« vertu *divine;* mais ce ne sont, à tout prendre, que des ma-
« nifestations de l'Être infini. *Osiris* est le dieu bon et sau-
« veur de l'homme, le soleil nocturne qui s'identifie avec
« l'âme humaine après la mort ; *Phta* est l'esprit, le souffle
« de Dieu qui anime la nature, et qui s'incarne dans le
« taureau. Les noms varient ; au fond le principe est le même
« et nous ramène au monothéisme philosophique.

« Mais voici que, sur quelques stèles du *serapeum,* on
« voit figurer une divinité inconnue qui ne peut être ni Isis
« ni Hator, malgré la tête de vache qui surmonte ses formes
« de femme. C'est peut-être l'épouse d'Apis ? Mais Apis,
« le taureau chaste, ne saurait avoir d'épouse. Ne serait-ce
« pas sa mère ? Or Hérodote, rapportant sincèrement ce que
« les prêtres lui ont enseigné sur le culte d'Apis, s'exprime
« ainsi :

« *Apis est mis·au monde par une vache, laquelle ne peut*
« *engendrer une autre fois après. Les Egyptiens disent que*
« *c'est un éclair qui descend du ciel sur la génisse, et que,*

« *par suite*, *elle engendre Apis.* » Plutarque dit la même
« chose, mais, au lieu de l'éclair, c'est un rayon de la lune;
« Pomponius Mela dit qu'Apis est conçu « *par l'action*
« *divine et le feu céleste.* »

« Les textes égyptiens abondent, d'autre part, pour
« prouver jusqu'à l'évidence qu'Apis est l'incarnation d'Osiris.
« Dieu, non content de se manifester aux regards des hommes
« par le disque du soleil (Ra et Osiris), doit vivre parmi eux
« et s'incarner humblement sous la figure du taureau pour
« mourir de *mort violente* comme Osiris et à un *âge marqué*
« *d'avance.* Cet éclair qui tombe sur la mère d'*Apis* ne
« serait-il pas *Phta*, le souffle divin? Or, des textes nombreux
« appellent Apis « *la seconde vie de Phta.* » M. Lenormand
« les traduisait par « *l'énergie de Phta.* » On peut les rendre
« mieux encore par ces mots : « *le souffle vivant de Phta.* »

« Restait à démontrer qu'il existait bien réellement une
« mère d'Apis : eh bien ! l'on a trouvé sur une stèle funéraire
« de prêtre cette inscription : « *Prophète de la mère d'Apis*, »
« et, sur une autre : « *Prophète des mères d Apis.* »

« Ces résultats, il faut le remarquer, sont produits par de
« simples rapprochements de textes d'authenticité certaine,
« et, par conséquent, sont au-dessus de toute discussion.
« M. Mariette les a développés avec talent et savoir dans
« sa remarquable et trop rare brochure intitulée *Mémoire*
« *sur la mère d'Apis.*

« Le culte d'Apis, *incarnation d'Osiris*, conçu dans le
« sein de la *génisse-vierge* par le souffle de Phta, existait
« au temps des premières dynasties, c'est-à-dire plus de trois
« mille ans avant Jésus-Christ, comme le prouve l'inscrip-
« tion de *Choufou-Anch*, découverte au pied des Pyramides
« par M. Mariette, et il a certainement prospéré en Egypte
« pendant plus de vingt-cinq siècles. Mais on ne saurait
« appliquer ces idées à la religion du vulgaire, qui, le même
« dans tous les temps, ne voyait que bien imparfaitement
« le dogme spiritualiste à travers ces mythes anciens, et qui

« adorait grossièrement un taureau , une vache , des croco-
« diles et des ibis (1). »

Je n'essaierai pas de déduire toutes les conséquences que
l'on pourrait tirer de ces étranges analogies, en substituant
tout simplement des noms nouveaux aux noms égyptiens.
Je ne supposerai pas que les premiers chrétiens, recrutés à
l'Ecole d'Alexandrie , peuvent avoir emprunté à l'ancienne
religion des Pharaons, ses dogmes et ses mystères pour les
transporter, à peine modifiés , dans la religion nouvelle. Ce
sujet est trop délicat; je préfère vous laisser à vos réflexions.
Du reste, vous n'êtes pas sans avoir connaissance des travaux
que d'illustres savants comptent publier bientôt. Ils déve-
lopperont ces conséquences avec plus de talent que je ne
saurais le faire; laissons-leur cette tâche, et revenons à notre
sujet.

Je n'ai pas l'intention de vous montrer d'une manière
plus détaillée comment les autres branches de la science moderne s'élèvent aussi contre la Bible; il faudrait pour cela
bien des volumes. Vous devez assez comprendre que le doute
se soit glissé dans bien des esprits et que la croyance à
l'inspiration des livres sacrés vacille et chancelle ! Aussi le
Protestantisme se sent-il profondément ébranlé. La com-
motion produite par sa chute sera funeste à l'Eglise romaine, car, une fois l'inspiration rejetée, que devient la
base du Catholicisme , c'est-à-dire la chute du premier
homme, le péché originel, la rédemption promise et le dogme

(1) J'arrête là cette trop longue citation ; vous pourrez consulter,
si vous le voulez, les divers travaux de M. de Rougé et spécialement
celui publié en 1851 dans les *Annales de la Philosophie chrétienne.*
Vous pourrez voir aussi plusieurs articles publiés dans la *Revue
d'Architecture,* du mois de juillet 1860 ; les numéros du *Moniteur*
des 2 mai, 2 et 3 juillet 1860, 7 et 8 septembre 1861 , et enfin le
discours prononcé par M. de Rougé, au Collége de France, pour
l'ouverture du Cours d'archéologie égyptienne.

du fils de Dieu venant mourir sur la terre pour racheter les hommes d'un péché qui n'a pas été commis? Je ne serais donc point étonné de voir les deux religions essayer un rapprochement dans l'espérance de se sauver d'un péril commun en se prêtant un mutuel appui.

Je ne sais si nous ne devons pas voir les premiers symptômes de ce rapprochement dans l'appui prêté au chef de l'Eglise romaine par M. Guizot, le chef du Protestantisme en France; dans la conversion au Catholicisme de la duchesse de Kent, mère de la reine d'Angleterre; dans les bruits d'abdication de la reine Victoria, abdication qu'on prétendait motivée par les mêmes causes; enfin dans les offres de concours et d'appui faites au pape par l'Angleterre, offres qui viennent de plonger l'Europe dans le plus profond et le plus légitime étonnement? La politique, allez-vous me répondre, est seule en jeu dans cette dernière question, et a seule déterminé cette explosion si soudaine, si imprévue de tendre bienveillance. Cependant, permettez-moi de vous faire remarquer que le chef du cabinet de Saint-James n'eût pas osé tenter une pareille démarche il y a vingt ans, car il eût infailliblement succombé sous l'accusation presque toujours capitale de papisme. Il faut donc que bien profond soit l'apaisement des esprits, ou bien vive la conscience du danger que court le Protestantisme, pour que lord Palmerston ait cru pouvoir s'exposer à un péril sérieux, ou bien ait cru devoir le braver!

M. Edmond Schérer, dans un remarquable article publié dans la *Revue des Deux-Mondes*, laisse entrevoir pour le Protestantisme la probabilité d'une transformation. C'est possible, cette religion est un véritable *Protée;* mais le Catholicisme lui, que fera-t-il? Se changer? se transformer? lui que nous avons vu au contraire, il y a quelques années, *ajouter un nouveau dogme à son Credo!!* Non il se cramponnera à son immuabilité et attendra l'orage.....

Mais cette ferme et héroïque résolution ne peut empêcher

l'Eglise de haïr les causes du péril qu'elle va courir et de charger d'anathèmes ceux qui la combattent volontairement, ou involontairement comme vous, Monsieur *le tolérant*. C'était ce sentiment qui dictait à Pie IX les paroles qu'il prononçait le 8 juin dernier, quand il appelait les libres penseurs, « ces hommes qui accordent à l'homme une sorte de droit inné d'après lequel il peut parler et *penser librement de la religion,*..... des artisans de trouble, des docteurs de pervers enseignements, d'une impiété et d'une audace excessives, d'une perversité insigne, et d'une folie égale !.... » et une foule d'autres aménités de ce genre que je me vois, à mon grand regret, forcé de vous adresser aussi !

Ai-je réussi à vous montrer que les causes de ce péril viennent de la liberté de conscience, de la liberté d'examen, des raisonnements et des découvertes de la science ? Ce serait être bien présomptueux que de le croire ; et cependant, malgré moi, je me figure que si vous arrivez à une seconde édition de votre livre, ce que je vous souhaite, vous modifierez les passages que je vous ai signalés. Vous êtes un enfant terrible. Rappelez-vous le proverbe : *Il n'est pire ennemi qu'un imprudent ami !* Et tenez ! franchement, n'êtes-vous pas trop imprudent ? Relisez cette phrase de votre livre et vous en jugerez :

« Aujourd'hui que les peuples se sont faits grands, sont « devenus plus instruits, plus éclairés, l'Eglise tend, par la « *force du progrès* civil et politique et la *nécessité même* des « circonstances, à nous abandonner de plus en plus à nous- « mêmes, se fiant désormais à notre *sagesse intelligente.* »

Cette idée est juste et je la partage. Seulement vous l'exprimez d'une singulière façon : vous rappelez à la mémoire ce dicton populaire : *On est bien forcé d'être honnête quand on ne peut pas faire autrement !* Je vous ai dit que j'avais la même opinion, je suis donc fort heureux de me rencontrer avec vous. Oui, Monsieur, le monde, dans son enfance, avait besoin d'une religion tyrannique qui le fasse obéir, il avait besoin d'un maître qui lui commande. Le Judaïsme lui a donné un dieu terrible qui lui parlait la foudre à la main ! Puis le monde a grandi ; l'intelligence humaine est devenue adolescente; la force et la terreur devaient faire place aux conseils, aux exhortations, aux exemples. C'est alors que le Christianisme est venu remplir ce rôle admirable. Aujourd'hui, le monde est devenu homme fait, aussi ne veut-il plus obéir qu'à l'impulsion émanée de sa conscience et de sa raison. Eclairer cette conscience et guider cette raison, voilà la mission de tous les cœurs honnêtes et intelligents.

Cette rencontre fortuite de deux idées semblables chez deux hommes presque opposés, vous ouvrira les yeux, j'en ai la plus ferme conviction. Vous comprendrez, catholique tolérant, que vous faites fausse route, que vous suivez mon chemin..., et mon chemin, je dois vous en prévenir, ne mène pas à Rome ! Quittez-le donc et bien vite. Reniez le principe de la liberté de conscience; chargez le progrès, les lumières, de vos plus mordants sarcasmes; dites que vous regrettez cet heureux temps où l'Eglise maintenait sagement les populations dans la *sainte ignorance du mal,* et surtout faites amende honorable pour avoir osé prêcher la tolérance religieuse ! Vous avez un moyen de vous réhabiliter, hâtez-vous de l'employer. Vous avez écrit : « Notre raison a établi premièrement la base de notre foi.. » Je vous estime bien heureux en vérité ! Eh bien! faites connaître vos puissants arguments pour que notre raison, à nous aussi, puisse y faire reposer notre foi. L'Eglise vous pardonnera sans difficulté en faveur du service que vous lui aurez rendu, elle qui jusqu'à ce jour n'a pas pu trouver de preuves suffisantes et qui s'est contentée d'appuyer sa doctrine sur ce précepte: « Croyez et vous serez sauvés ! Ayez la foi et vous transporterez des montagnes ! »

Mais, par pitié, Monsieur, plus de tolérance pour ce libre examen, pour cet esprit d'investigation qui fait à

l'Eglise une guerre si impitoyable! Vraiment, quand je vous
vois couvrir Rome de votre vaillante épée, et livrer étour-
diment votre plume à ses plus dangereux adversaires, je ne
puis m'empêcher d'admirer en vous l'homme qui offre un
bras à Garibaldi et l'autre au saint-père (1)! ...

Vous me pardonnerez cette longue lettre, en faveur du
bon conseil que je vous ai donné et du service que je vous ai
rendu, n'est-ce pas ? Je vous ai ouvert les yeux, je vous ai
montré le précipice vers lequel vous couriez tout droit.
Votre parti pourra vous pardonner. Aussi bien vous avez des
excuses légitimes à alléguer. Vous aviez beau écrire, personne, ni cet abominable Edmond About, ni cet indigne
Emile Augier, ne daignait vous répondre! Ce que c'est que
de ne pas être académicien!.... Voyant que ces messieurs
manquaient ainsi de politesse envers un *gentilhomme*, j'ai cru
de mon devoir de réparer leur faute: vous ne m'en voudrez
pas de cette audace?

Ainsi donc une dernière fois, rétractez, biffez, effacez dans

(1) Voir la brochure de M. de Raimneville publiée sous le titre de
Réplique à la circulaire sur les volontaires pontificaux, à M de Persigny

votre prochaine édition ces phrases dangereuses. Sinon ,
vous êtes sûr, Monsieur le Catholique tolérant, à votre pro-
chain voyage à Rome , de voir votre livre et mon humble
petite brochure, tous deux, côte à côte, marqués à l'encre
rouge sur les tableaux de la sainte Congrégation de l'index !
Amen !

UN VILAIN.

Roanne, le 26 janvier 1865.

Roanne, imprimerie CHORGNON.

EXTRAOR
AIRE.
LOIRE
IMPERIAL.
5 cen.

15½

n l . n . Costa